AF349751

Georges de MANTEYER

LA
SÉPULTURE DE SILVANUS

A VACHÈRES

(Extrait des *Mémoires de l'Académie de Vaucluse*)

AVIGNON

FRANÇOIS SEGUIN, IMPRIMEUR-ÉDITEUR

13, rue Bouquerie, 13

1904

Georges de Manteyer

LA
SÉPULTURE DE SILVANUS
A VACHÈRES

(Extrait des *Mémoires de l'Académie de Vaucluse*)

AVIGNON
FRANÇOIS SEGUIN, IMPRIMEUR-ÉDITEUR
13, rue Bouquerie, 13

1904

LA SÉPULTURE DE SILVANUS

A VACHÈRES.

La commune de Vachères (1), entre le Calavon à l'ouest et le Largue à l'est, se trouvait à l'extrémité du diocèse d'Apt, dont la circonscription correspond au territoire des *Vulgientes*. Au sud, la commune limitrophe de Reillanne relevait d'Aix ; à l'est, celle d'Aubenas relevait de Sisteron.

M. l'abbé Arnaud d'Agnel a déjà exploré le petit plateau, site d'un ancien *oppidum*, qui domine tout le terroir de Vachères (2) : tout à côté, sur les bords d'un vieux chemin romain, fut trouvée jadis une statue de grande taille, représentant un guerrier appuyé sur son bouclier, qui figure maintenant au musée d'Avignon.

Il y a environ deux mois, un propriétaire cultivateur, M. Antonin Benoît, qui possède le domaine de la Grange-du-Bois, sur les pentes exposées à l'occident par lesquelles on descend du sommet de Vachères vers le lit du Calavon, a eu l'occasion de rencontrer et de fouiller, sur ces mêmes pentes, des sépultures à incinération romaines.

Elles se rencontrèrent, sur un versant inculte, immédiatement au-dessus d'un ravin, à environ 200 mètres au-dessus du petit plan où se trouve l'habitation de la Chaume. Le site dépend du domaine de ce nom et appartient à M. Benjamin Hugues, maire actuel de Vachères.

La plupart des cultivateurs que le hasard met en présence de tombes antiques songent à y trouver beaucoup d'or et ils traitent sans ménagements tous les objets qui déçoivent leur premier espoir. Mais, il est des exceptions : le propriétaire de la Grange-du-Bois suffirait à s'en convaincre.

(1) Vachères (Basses-Alpes), arrondissement de Forcalquier, canton de Reillanne.
(2) L'abbé Arnaud d'Agnel et Ludovic Allec, *Compte rendu de l'exploration d'une station préhistorique découverte à Vachères (Basses-Alpes)*. Paris, imprimerie nat. MDCCCCI, 16 pp. et 2 planches. (Extrait du *Bulletin archéologique*, 1901.)

Averti que de petites pierres, en apparence insignifiantes, valent davantage qu'un grain de blé, il a passé de longues journées à ramasser tous les silex qui couvrent la terre de certains quartiers ; puis, il s'est mis à rechercher les sépultures dont il pouvait soupçonner depuis longtemps l'emplacement. Seul, dans ses fouilles qui ont été heureuses, il a minutieusement observé la structure des tombes ; il a été attentif à ne rien briser. Son récit, quand on l'amène à grouper les faits, permet donc de savoir comment se présentait la tombe de Silvanus, de sa femme, de leurs fils, Calventius et Birro.

Sur le talus à pente assez raide et à quatre « pans » de profondeur (1), se rencontrèrent, alignés du nord au sud, quatre grandes urnes, en terre jaunâtre et à anses, placées debout, consolidées par des « laves » (2), coiffées par des tuiles « sarrazines » en terre rouge (3).

Pour les deux amphores placées aux extrémités, c'est-à-dire au nord et au sud de l'ensemble, les souvenirs n'indiquent rien de très particulier ; dans celle du sud, toutefois, une urne de verre bleuâtre se rencontra que la pioche brisa. Ce résultat fâcheux démontrait la nécessité d'une circonspection plus grande : les deux amphores du milieu furent donc abordées avec précaution. Chacune d'elles contenait également une urne de même qualité, en verre bleuâtre, couchée à plat, son orifice circulaire dirigée vers le midi. Chaque urne était remplie de cendres et de terre. A l'entrée de chacune de ces deux urnes couchées se trouvait debout une petite fiole lacrymatoire en verre bleuâtre, inclinée légèrement vers le nord, de manière à ce que la panse inférieure de la fiole fût en dehors de l'urne et l'orifice supérieur en dedans. Ces deux fioles étaient remplies de terre.

<hr>

(1) Le pan, mesure partie de la canne, vaut environ 0m25.

(2) Les « laves » de cette région, comme les « lauses » dans les Hautes-Alpes, sont les pierres schisteuses, calcaires ou non, se présentent en dalles plates, plus ou moins grandes et plus ou moins épaisses.

(3) Les tuiles « sarrazines » sont, bien entendu, les grandes tuiles plates et à rebord, de fabrication gauloise ou romaine.

Les débris des grandes amphores terminées en pointe et une partie des tuiles ont été portés avec la pierre de l'inscription dont il sera question, chez le propriétaire du terrain, à la maison de la Chaume. Les autres objets ont été  portés à la Grange-du-Bois par l'auteur des fouilles. Sur l'une des tuiles, du côté des rebords, une marque de fabrique tracée avec les doigts dans le bas ; et, dans le haut, tracés à la pointe sèche en cursive, quelques caractères où l'on distingue F III, soit *J iglina III* (?).

L'une des deux urnes funéraires couchées est un peu plus grande que l'autre. Elles n'ont pas d'anse : elles sont bombées avec un orifice à rebord circulaire et plat, un fond aplati.

La plus petite mesure 19 centimètres de haut, 15 centimètres de diamètre à l'orifice et 8 centimètres de diamètre au fond. Son diamètre maximum à mi-hauteur est de 175 millimètres.

La plus grande mesure 22 centimètres de haut, 15 centimètres de diamètre à l'orifice, 10 au fond et 195 millimètres de diamètre maximum à mi-hauteur.

La hauteur des fioles lacrymatoires est à peu près égale au diamètre de l'orifice des urnes.

A gauche de l'urne couchée, dans chacune des deux amphores, une tasse de poterie samienne. Dans l'une, elle est brisée depuis l'antiquité ; dans l'autre, elle est intacte. Celle-ci est penchée, l'orifice vers le midi. Toutes deux sont identiques de forme et de dessin. C'est une terre jaunâtre et fine recouverte d'un vernis rouge. Elles sont décorées en relief d'une frise où alternent des palmes et des feuilles d'un style assez souple. La hauteur de la tasse intacte est de 60 millimètres, le diamètre de l'orifice en haut est de 79 millimètres.

A droite de l'urne couchée, dans chacune des deux amphores, une lampe de terre jaunâtre renversée. L'une d'elles est intacte, l'autre brisée. Toutes deux paraissent être identiques de forme et de décor : elles sont ornées d'oves.

De plus, dans l'une des deux amphores, avec le mobilier précédent, un vase de terre jaunâtre en forme de pichet, à fond plat d'un diamètre étroit, fortement bombé à mi-hauteur, avec goulot court et muni d'une anse.

Dans l'autre amphore, en plus du mobilier précédent, un bracelet en fer, de diamètre assez grand, brisé et fortement oxydé ; ce bracelet est accompagné d'une grosse aiguille ou passe-attache en métal très peu oxydé, qu'il y aurait lieu d'examiner pour vérifier s'il ne serait pas en argent.

Tel est le mobilier des deux amphores. Par dessus et entre elles deux, deux soucoupes de poterie du type d'Arezzo. L'une d'elles a été trouvée ébréchée ; l'autre a été cassée par la pioche. Celle qui est ébréchée mesure 30 millimètres de hauteur et 14 de

<hr>

(1) Le rectangle extérieur de la moulure, au niveau du cadre en relief mesure 425ᵐᵐ de large et 410ᵐᵐ de haut. Le rectangle intérieur de cette moulure, au niveau du fond en retrait, mesure 400ᵐᵐ de large et 380ᵐᵐ de haut en moyenne.

diamètre au sommet. Elle porte au centre la marque rectangulaire, en relief : OF·PATRIC, avec les lettres T et R liées. L'autre porte : OF·SARRVT, avec les lettres R et V liées. Au revers, un graffite tracé à la pointe sèche : V·A·, c'est-à-dire *Va|le|* ou *Va|lele|*.

Avec ces deux soucoupes, un plat en terre de pâte jaunâtre, trouvé brisé, recouvert, semble-t-il, jadis d'un vernis rouge et mesurant environ 17 centimètres de diamètre.

Egalement, au niveau supérieur des amphores, c'est-à-dire à 1 mètre environ sous la surface actuelle du sol en pente, un bloc de pierre en « safre » de teinte jaunâtre. Ce bloc mesure 59 centimètres de haut, sur 57 de large et 39 d'épaisseur. Equarri plus ou moins grossièrement sur cinq de ses faces, la fouille le trouve jeté à terre sur la sixième qui, plus soignée, porte une inscription.

Cette inscription, sur un fond légèrement en creux, dont la différence de niveau avec le cadre est rachetée par une moulure sommaire, porte le texte suivant :

```
CALVENTIVS
ET·BIRRO·PATRI
ET·MATRI DE SVO
PECVLIO
FECERVNT
SILVANI·FI·
```

Les lettres ont environ 50 millimètres, les interlignes sont de 5 millimètres. Il n'y a pas de traces bien certaines de ponctuation, sauf un point et une virgule entre MATRI et DE SVO. Il y faut peut-être ajouter un point entre SILVANI et FI [1]. Les O sont

(1) Il existe un point assez léger, à mi-hauteur, dans le C de CALVENTIVS. Ce point, à peu de la moulure, soit dans le sens horizontal, soit dans le sens vertical, a dû être inscrit par l'ouvrier, avant la gravure de l'inscription, pour marquer le début de la première ligne à tracer.

délibérément circulaires et mesurent 40 millimètres de diamètre. Cela est tellement voulu, que manquant de place à la troisième ligne pour achever le mot SVO, le lapicide n'a pas craint de faire porter l'O final à moitié sur la moulure plutôt que d'en restreindre le diamètre horizontal.

Les T, les E, les F, les L sont fort étroits : ils mesurent 15 millimètres de large environ. Les barres des E et des F, au lieu d'être horizontales, sont relevées, sauf dans l'E de la première ligne. Par contre, la barre des L se penche en baissant au-dessous de la ligne. La panse supérieure des R, des P, du B se restreint et s'arrête au-dessus du milieu de la hauteur des lettres. De même, le trait inférieur des F et des A. Les V, N et I sont réguliers. La lettre M se compose du tracé d'un V entre deux barres penchées au lieu d'être verticales.

Le lapicide paraît avoir voulu éviter de scinder un mot entre deux lignes. Aux deux premières lignes il s'en est bien tiré : à la troisième la place lui a manqué. Aussi, aux trois dernières, il a préféré laisser un vide à la fin des lignes plutôt que d'avoir à scinder un mot ou que d'avoir à empiéter de nouveau sur la moulure.

D'après les caractères paléographiques des E, F et L, l'inscription ne peut guère être antérieure au second siècle de l'ère chrétienne ; en raison de la forme des O, elle ne peut guère être postérieure au troisième (1).

Cette pierre fut élevée par Calventius et Birro sur la tombe de leur père et de leur mère, de leurs biens personnels. Les deux frères n'ont rien de plus pressé que de se nommer : ils oubliaient de nommer leur père et leur mère à qui s'adressait ce témoignage de leur piété. Après coup, comme une ligne restait vide, on a réparé l'oubli, en ce qui concerne le père : mais la place a manqué pour la mère.

Calventius et Birro étaient des hommes libres, mais ils ne devaient pas être cependant citoyens romains. Sans doute, c'étaient de simples cultivateurs qui, au II⁰ siècle, vivaient dans un quartier de la Chaume (2).

---

(1) R. Cagnat, *Cours d'épigraphie latine*, 3e édition. Paris, 1898, pp. 14, 18, 19.

(2) Le nom de *Silvanus* se rencontre assez fréquemment en Narbonnaise. On en trouve douze exemples qui se répartissent entre Toulouse (*Corpus inscription. latin.*, t. XII, n° 5392), Narbonne (*Ibid.*, n°° 4408, 4541, 5141, 5219), Substantion (*Ibid.*, n° 4213), Marguerittes (*Ibid.*, n° 3012), Arles (*Ibid.*, n° 819), Aix (*Ibid.*, n° 5541), Saint-Maximin (*Ibid.*, n° 5749), le Buis (*Ibid.*, n° 1596) et Aoste dans l'Isère (*Ibid.*, n° 2394). On connaît

Les deux amphores centrales devaient contenir les cendres de Silvanus et de sa femme. Ce sont Calventius et Birro qui les y ont déposées, face au midi, entre une lampe renversée et une tasse renversée. Puis, le sépulcre clos, ils ont répandu leurs libations et dit le dernier adieu. Quand, à leur tour, ils moururent, une nouvelle génération les incinéra à droite et à gauche des aïeux.

Le christianisme respecta la tombe, mais il enterra la pierre païenne. La curiosité moderne a eu moins de scrupules : elle aime à réveiller les morts qui dorment depuis longtemps.

Vachères, 14 mars. Manosque, 17 mars 1904.

une *officina Silvani* dont les produits se sont retrouvés à Genève, Aoste, Sainte-Colombe, Vienne, Orange, Arles, Trinquetaille, Nimes, Narbonne et Fréjus *Ibid.*, n° 5686, 5846. La forme féminine *Silvana* paraît à Narbonne *Ibid.*, n°° 4513, 4678, 5682, Nimes *Ibid.*, n° 3478 et Arles *Ibid.*, n° 682.

Quant à *Calventius*, ce nom est commun : on le rencontre à Cortone (*Corp. inscript. latin.*, t. I, n° 1329), en Norique *Ibid.*, t. III, n° 4586, 5691, à Oberpingeau *Ibid.* n° 5522, à Fladnitz *Ibid.*, n° 5495, à Côme t. V, n° 5278, etc. Mais le nom de *Birro* est rare : on l'a rencontré seulement à San Danielle Ripa Po, dans la province de Crémone t. V, n° 1865 et à Côme *Ibid.*, n° 5307. Il faut y ajouter le *Billo* de Seyssel (t. XII, n° 2556), le *Birrantus* de Jourdan, près Beaurepaire *Ibid.*, n° 6036) et le *Birr...* de Genève *Ibid.*, n° 2574. Le fait qu'on a trouvé ensemble à Côme les deux noms de *Calventius* et de *Birro* est un rapprochement intéressant.

L'*officina Sarruti* a laissé de ses produits à Vienne t. XII, n° 5686, 783), à Vaison (n° 5686, 785, à Orange et à Nimes n° 5686, 784). L'*officina Patrici* à Vienne et Sainte-Colombe Sainte-Catherine près Briançon, Vaison, Orange, Arles, Nimes, Narbonne et Vallauris. En particulier, la forme OF·SARRT figure à Vaison ; la forme OF·PARIC à Arles, Orange, Vaison, Vienne et Sainte-Colombe. Il n'est pas donc surprenant de les constater à Vachères.

A l'amitié très obligeante de M. Labande sont dus tous les détails de cette note. (Lettre du 21 mars 1904.)